Kleine Reiter ganz groß

Grundwissen für Pferdefreunde

Sylvia von Heereman-Unterberg & Thea Roß

COPPENRATH

Dieses Buch gehört:

5 4 3 2 1   15 14 13 12 11
ISBN 978-3-649-60158-6
© 2011 Coppenrath Verlag GmbH & Co. KG, Münster
Text: Sylvia von Heereman-Unterberg
Illustrationen: Thea Roß
Grafische Gestaltung: Christine Freßmann
Redaktion: Britta Kudla
Printed in Italy

Kleine Reiter ganz groß

Grundwissen für Pferdefreunde

Sylvia von Heereman-Unterberg & Thea Roß

COPPENRATH

Inhaltsverzeichnis

5 Liebe Pferdefreundin, lieber Pferdefreund

6 Ein Nachmittag auf der Pferdeweide

7 Was heißt wie beim Pferd?

8 Von Voll-, Warm- und Kaltblütern

10 Ponys

12 Die Fellfarben

14 Die Abzeichen der Pferde

15 Das Brandzeichen

16 Schritt, Trab und Galopp

18 Pferdesprache: Kopf und Stimme

20 Pferdesprache: Die Körperhaltung

22 Auf der Weide

24 Im Stall und Offenstall

26 Was frisst ein Pferd?

28 Eine leckere Überraschung

29 Vorsicht, giftig!

30 Putzen, striegeln, Hufe auskratzen

32 So wird geputzt

34 Zeigt her eure Hufe

36 Wenn der Tierarzt kommen muss

38 Die richtige Reitausrüstung

40 So wird aufgesattelt

42 Und so wird aufgetrenst

44 Aufgesessen!

46 An der Longe

47 Allein losreiten – aber wie?

48 Deine erste richtige Reitstunde

50 Die Hufschlagfiguren

51 Abtrensen & Absatteln

52 Pferdepflege nach dem Reiten

54 Die verschiedenen Reitweisen

56 Dein erster Ausritt

58 Ein lustiges Stallfest

60 Wichtige Begriffe

64 Register

Liebe Pferdefreundin! Lieber Pferdefreund!

Hast du schon einmal an einem Weidezaun gestanden, den grasenden Pferden dort zugesehen und dir gewünscht, die großen Tiere genauer kennenzulernen? Dieses Buch verrät dir jede Menge Wissenswertes über große und kleine Pferde, über ihre Sprache und ihren Körperbau. Außerdem erklärt es dir Schritt für Schritt, wie du dich den Tieren nähern und sie streicheln kannst, was du beim Putzen und Pflegen beachten musst, wie du in den Sattel kommst und vieles mehr.

Frag doch mal in deiner Klasse nach, wer einen Reiterhof kennt und ob du mal mitkommen darfst. Gemeinsam mit anderen Kindern schließt du Freundschaft mit den Pferden und nimmst vielleicht sogar deine erste Reitstunde.

Dieses Buch begleitet dich dabei und macht Lust auf mehr. Wer weiß: Wenn du viel trainierst, kannst du möglicherweise bald über eine Wiese galoppieren oder auf einem Turnier dein Können unter Beweis stellen.

Ein Nachmittag auf der Pferdeweide

Auf einer Pferdeweide gibt es viel zu sehen: zum Beispiel Fohlen (= Pferdekinder) und ihre Mütter, die Stuten. Die Pferdeväter heißen Hengste. Übrigens: Einen Hengst, der durch eine Operation unfruchtbar gemacht worden ist, nennt man Wallach.

Pferde sind Herdentiere. Die Herde bietet ihnen Schutz. Innerhalb der Herde gibt es eine feste Rangordnung.

Ein Pferd ist das Leittier, nach dem sich alle anderen richten. Ein Pferdealltag ist sehr friedlich. Gemächlich ziehen die Tiere umher und fressen Gras. Juckt ihnen das Fell, kraulen sie sich gegenseitig oder sie wälzen sich. Pferde dösen und schlafen gern, auch tagsüber. Meistens bleiben sie dabei stehen, manchmal legen sie sich hin.

Wenn es Streit gibt, schlagen die Tiere mit ihren Hufen nach hinten aus oder sie beißen. Erschrecken sie sich, galoppieren sie weg. Pferde sind Fluchttiere.

Was heißt wie beim Pferd?

Jeder Reiter sollte wissen, wie die einzelnen Körperteile des Pferdes heißen. Dass der Kopf vorne ist und der Schweif hinten, ist ja klar. Aber wusstest du, dass man den vorderen Teil des Pferdes (mit Brust und Vorderbeinen) „Vorhand" nennt und den hinteren Teil (mit Kruppe und Hinterbeinen) „Hinterhand"?

Halt mal dein Ohr an den Bauch eines Pferdes. Du wirst dich wundern, was darin los ist! Magen und Darm arbeiten auf Hochtouren und verdauen das Futter – ein gutes Zeichen.

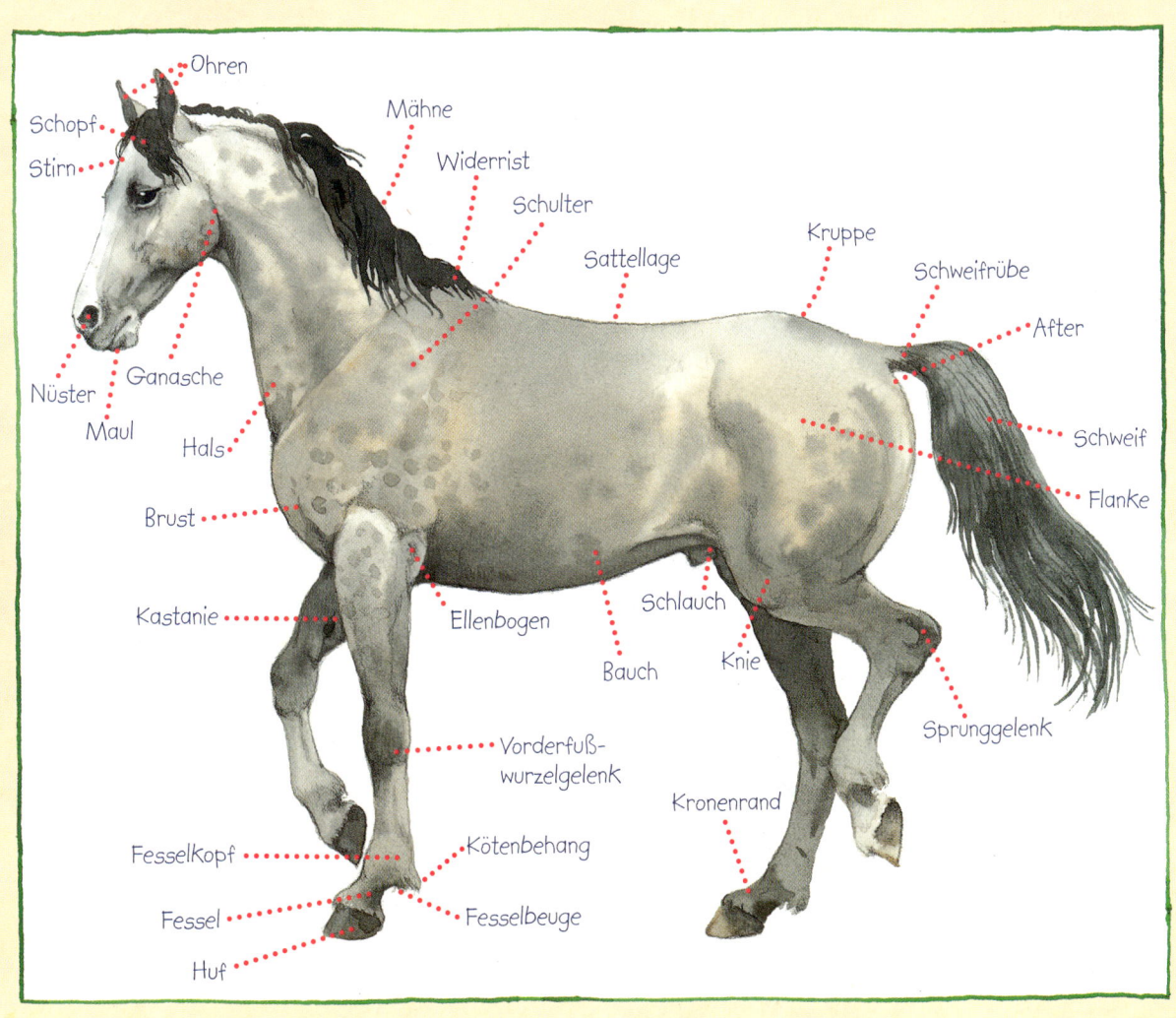

Ohren
Mähne
Schopf
Widerrist
Stirn
Schulter
Sattellage
Kruppe
Schweifrübe
After
Nüster
Ganasche
Maul
Schweif
Hals
Flanke
Brust
Kastanie
Ellenbogen
Schlauch
Knie
Bauch
Sprunggelenk
Vorderfuß-wurzelgelenk
Kronenrand
FesselKopf
Kötenbehang
Fessel
Fesselbeuge
Huf

Von Voll-, Warm- und Kaltblütern

Seit vielen hundert Jahren züchten Menschen Pferde. Dabei sind zahlreiche Rassen entstanden. Jede von ihnen hat eine bestimmte Aufgabe. Die Rassen werden in drei großen Gruppen zusammengefasst: Vollblüter, Warmblüter und Kaltblüter. Allerdings haben die Namen nichts mit der Körpertemperatur der Pferde zu tun. Vielmehr verraten sie etwas über ihr Temperament. Unter Temperament versteht man das Gemüt eines Pferdes.

Warmblüter sind sehr beweglich. Sie sind im Körperbau schwerer und oft größer als die Vollblüter. Sie werden für das Dressur- und Springreiten gezüchtet. Außerdem können sie gut eine Kutsche ziehen.

Vollblüter sind sehr schlank und lebhaft. Zu ihnen gehören die Rennpferde – auch die edlen Araber. Vollblüter haben einen leichten Knochenbau und sind sehr schnell. Sie reagieren meist emp-

findlicher auf Außeneinflüsse als Warm- oder Kaltblüter. Vollblüter
sind die ältesten von den Menschen gezüchteten Pferde.
So stammen die Araber aus Afrika und dienten schon
den Pharaonen als Reit- und Jagdpferde.

Vielleicht hast du schon einmal den Begriff „Halbblüter" oder „Halbblutpferd" gehört. Halbblüter haben eine Warmblutmutter und einen Vollblutvater. Oder umgekehrt. Es gilt: Vollblut + Warmblut = Halbblut

Kaltblüter

Kaltblüter sind sehr groß und kräftig. Einen Kaltblüter kann so schnell nichts aus der Ruhe bringen. Früher haben sie auf den Feldern den Pflug und in der Stadt den Bierwagen gezogen. Sie dienten den Rittern mit ihren schweren Rüstungen als Reit- und Kriegspferde. Heute arbeiten sie im Wald und ziehen Baumstämme. Die englischen Shire Horses, eine Kaltblutrasse, sind die größten Pferde der Welt.
Bei vielen Voll-, Warm- und Kaltblütern lassen sich diese Eigenschaften finden. Und doch hat jedes Pferd sein eigenes Temperament – das liegt nämlich auch daran, wie sie erzogen wurden. Schau dir jedes einzelne Pferd genau an und versuche, sein Temperament zu erkennen.

Ponys

Für deine ersten Reitversuche sind die meisten Pferde zu groß. Am besten versuchst du dein Glück zuerst auf einem Pony. Die Widerristhöhe von Ponys misst nicht mehr als 1,48 Meter. Damit du mit ihnen zurechtkommst, ist es wichtig, dass sie gut ausgebildet sind. Hier lernst du einige der bekanntesten Ponyrassen kennen:

Fjordpferd · Haflinger · Islandpferd

Fjordpferde und Haflinger sind besonders gutmütig. Das kleine Fjordpferd kommt aus Norwegen, dem Land der Fjorde, und wird deshalb auch Norwegerpony genannt. Weil es sehr freundlich ist, wird es gerne als Reitpferd für Anfänger eingesetzt. Fjordpferde sind hellbeige bis mausgrau. Typisch für sie sind der Aalstrich, also ein schwarzer Fellstreifen auf dem Rücken, und die schwarz-weiße Mähne, die oft kurz geschoren wird.

Der Haflinger kommt aus Tirol in den Alpen. Er ist sehr trittsicher, ausdauernd und sehr brav. Kennzeichnend für den Haflinger sind seine Fuchsfarbe, in verschiedenen Rottönen, sowie das hellblonde Langhaar, das oft sehr üppig wächst.

Aus Island, einer Insel im Nordatlantik, kommen die Isländer. Diese Ponyrasse hat fünf anstatt nur drei Gangarten, denn zusätzlich können Isländer noch Pass und Tölt gehen. Es gibt sie in vielen Fellfarben. Kennzeichnend sind jedoch die dicke Mähne und der wuschelige Schweif.

Deutsches Reitpony

Dülmener Wildpferd

Das Deutsche Reitpony eignet sich für das Dressur-, Spring- und Vielseitigkeitsreiten. Es sieht aus wie ein kleines Reitpferd. Wenn Kinder ihre ersten Turniererfahrungen sammeln, entdeckst du das Deutsche Reitpony in allen Disziplinen.

Das Dülmener Wildpferd lebt in der Nähe von Dülmen in Westfalen in einer großen Herde, die aus etwa 300 Stuten und deren Fohlen besteht. Die Dülmener leben ohne Kontakt zum Menschen in freier Wildbahn, sind aber eigentlich keine echten Wildpferde, sondern sogenannte Wildlinge. Wildpferde sind nur die Pferde, deren Lebensweise nie vom Menschen verändert oder beeinflusst worden ist. Richtige Wildpferde gibt es nur noch in Asien. Bei den Dülmenern werden jedes Jahr die einjährigen Hengste herausgefangen und verkauft. Wenn sie Vertrauen zum Menschen bekommen haben, werden sie oft genauso zahm wie Hauspferde.

Das Shetlandpony stammt von einer kleinen schotti-schen Inselgruppe, den Shetlands. Es ist das kleinste Pony in Europa. Ursprünglich wurde es im Bergbau ein-gesetzt, um dort die Kohlewagen zu ziehen. Mit einer Größe von etwa einem Meter eignet es sich bestens als Kutschpony. Viele kleine Kinder sammeln auf Shet-landponys ihre ersten Reiterfahrungen.

Shetlandpony

Die Fellfarben

Pferde gibt es in vielen schönen Farben. Bei manchen Rassen kommen alle Farben vor, andere dürfen nur eine Farbe haben. Ein Schimmel ist ein weißes Pferd. Es wird jedoch schwarz geboren und erst im Laufe seines Lebens weiß. In der Zwischenzeit nennt man es Apfel- oder Grauschimmel.

Ein Rappe hat schwarzes Fell, eine schwarze Mähne und einen schwarzen Schweif. Ein Fuchs heißt so, weil er wie ein richtiger Fuchs rotbraun ist. Mähne und Schweif sind ebenfalls rotbraun. Ein Brauner hat braunes Fell, aber seine Mähne, der Schweif und manchmal die Beine sind schwarz. Es gibt Hellbraune und Dunkelbraune, die schon fast schwarz sind.

Schecken

Falbe

Tigerschecke

Ein Schecke ist ein Pferd mit großen Flecken. Es gibt
Braun- und Schwarzschecken. Manche haben sogar drei
Farben. Ein weißes Pferd mit vielen kleinen braunen
oder schwarzen Flecken nennt man Tigerschecke.
Ein Falbe hat ein gelbliches Fell und schwarzes Langhaar.

Isabelle

Eine Isabelle, auch Palomino genannt, hat eine
helle Fuchsfarbe und blondes oder weißes Langhaar.

Woher stammt der Name „Isabelle" für eine Fellfarbe?

Vermutlich wurde diese Bezeichnung zu
Ehren der Königin Isabella I von Kasti-
lien erfunden. Sie herrschte Ende des
15. Jahrhunderts im Königreich Kastilien.
Damals waren die wenigen hellgelben
Pferde dort sehr beliebt und auch
Königin Isabella mochte sie.

Die Abzeichen der Pferde

Auf den ersten Blick sehen die Pferde einer Farbe alle gleich aus. Doch kein Tier gleicht vollkommen dem anderen. Viele tragen seit ihrer Geburt unveränderliche „Abzeichen". So bezeichnet man die auffälligen weißen oder farbigen Haare am Kopf und an den Beinen. Auch der Aalstrich auf dem Rücken der Wildpferde gehört dazu. An den Abzeichen kannst du Pferde gut unterscheiden. In den Papieren eines Pferdes werden darum alle Abzeichen als unveränderliche Körpermerkmale aufgezeichnet. Für die am häufigsten vorkommenden Abzeichen hat man sich mit der Zeit Namen ausgedacht:

Stern   Blesse   Laterne   Milchmaul   Schnippe   Flocke

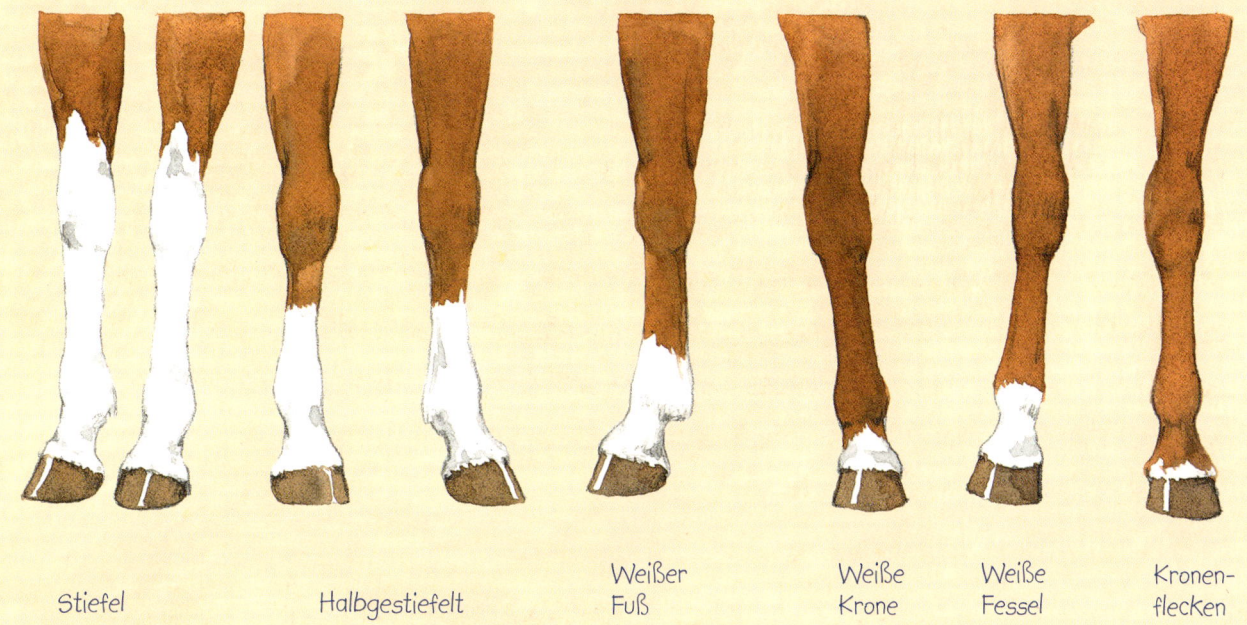

Stiefel   Halbgestiefelt   Weißer
                                         Fuß

Weiße   Weiße   Kronen-
Krone   Fessel   flecken

Das Brandzeichen

Fast jeder Zuchtverband hat sein eigenes Brandzei-chen. Es wird mit einem heißen Brenneisen am Ober-schenkel des jungen Fohlens angebracht. Auf der linke Seite siehst du ein paar bekannte Brandzei-chen. Weil das Einbrennen dem Pferd natürlich weh-tut, überlegt man jetzt, Pferde mit einem Chip zu kennzeichnen. Das ist ein kleiner Datenträger, der unter die Haut gespritzt wird. Mit einem elektroni-schen Lesegerät kann man ihn lesen und er kann viel mehr Informationen liefern als ein Brandzeichen.

Die Gangarten: Schritt, Trab und Galopp

Schritt

Die Art, in der Pferde oder andere größere Vierbeiner ihre Beine beim Laufen setzen, nennt man Gangart. Zu jeder Gangart gehören eine eigene Fußfolge und ein bestimmter Takt. Pferde haben drei verschiedene Grundgangarten.

Der Schritt ist die langsamste Gangart. Es handelt sich hierbei um einen Viertakt. Das bedeutet, dass in einer Schrittphase jedes Bein einzeln den Boden berührt. Hör mal genau hin, wenn ein Pferd über das Pflaster geht! Im Schritt gehen Pferde, wenn sie auf der Weide grasend umherziehen.

Trab

Der Trab ist schwungvoller. Es ist ein Zweitakt, das bedeutet, es werden immer die diagonalen Beinpaare gleichzeitig aufgesetzt. Dazwischen liegt eine Schwebephase, in der kein Huf den Boden berührt. Pferde laufen im Trab, um Artgenossen einzuschüchtern oder um ihnen zu gefallen. Außerdem eignet sich der Trab für lange Strecken.

Der Galopp ist die schnellste Gangart (auch die Fluchtgangart). Es ist ein Dreitakt, der eine Art Sprungfolge darstellt: Nacheinander setzt das Pferd das erste Hinterbein, das zweite Hinter- und erste Vorderbein und dann das zweite Vorderbein auf. Es folgt eine Schwebephase. Im Galopp schafft ein Pferd locker 60 Kilometer in der Stunde, Rennpferde sind mit 80 Kilometern pro Stunde noch schneller.

Trab

Zwei zusätzliche Gangarten haben die Islandpferde: den Tölt und den Pass. Beide sind wegen ihrer angenehmen Schaukelbewegungen für den Reiter sehr bequem.

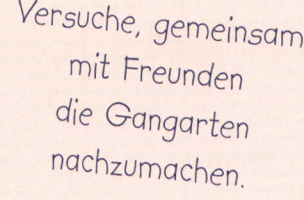

Versuche, gemeinsam mit Freunden die Gangarten nachzumachen.

Ich schwebe!

Galopp

Pferdesprache: Kopf und Stimme

Auf der Pferdeweide oder im Reitstall hast du bestimmt bemerkt, dass Pferde sich in einer ganz eigenen Sprache verständigen. Es gibt bestimmte Signale, die sie von ihren Müttern lernen. Weil Pferde in der freien Wildbahn keine Zeit für lange Erklärungen haben, müssen die Signale klar und eindeutig sein, sodass sie sofort verstanden werden. Auch du kannst lernen, die Pferdesprache zu deuten. Bevor du dich einem fremden Pferd nähern willst, frag am besten zuerst seinen Besitzer. Dann gehst du langsam von vorn auf das Tier zu und sprichst es mit ruhiger Stimme an. Beobachte das Pferd genau: Gesicht und Ohren verraten dir, was es von deinem Besuch hält. Pferde erkennen dich zunächst am Geruch, deshalb lass sie in Ruhe an dir oder deiner Hand schnuppern.

Mir geht es gut. Komm ruhig her!

Halte Abstand! Ich weiß nicht, was ich von dir halten soll.

Ein freundliches Pferd spitzt seine Ohren nach vorn. Wenn du willst, kannst du ihm vorsichtig deine Hand entgegenstrecken. Das Pferd wird sie neugierig beschnuppern und sich freuen, wenn du ihm an den Hals klopfst. Besonders gerne haben Pferde es, wenn du sie zwischen den Augen unterhalb des Schopfes kraulst.

Ein ängstliches Pferd legt seine Ohren an, bläht seine Nüstern und macht die Augen weit auf. Nimm dir etwas Zeit und sprich mit ihm. Wenn es seine Ohren trotzdem nicht aufrichtet, geh weiter.

> Geh ganz schnell weg. Ich will dich nicht in meiner Nähe!

> Ich möchte dösen. Lass mich in Ruhe!

Ein dösendes oder müdes Pferd lässt seine Ohren zur Seite hängen und wackelt ab und zu mit ihnen. Seine Augen hält es dabei nur halb oder ganz geschlossen. Lass es in Ruhe.

Pferde drohen, indem sie ihre Ohren ganz flach nach hinten legen, ihr Maul öffnen und dabei die Zähne zeigen. Das sieht sehr gefährlich aus. Halte besser Abstand.

Auch das Pferd beobachtet dich. Ruckartige Bewegungen und Krach können es irritieren. Bewege dich gelassen und sprich deutlich, aber nicht zu laut. Pferde haben sehr gute Ohren!

Das Erzeugen von Lauten nennt man bei Pferden Wiehern. Es gibt viele unterschiedliche Arten davon und alle Pferde verstehen sie. Aber auch wir Menschen können diese Sprache verstehen lernen. Pferde wiehern aus unterschiedlichen Gründen. So hört sich das Wiehern eines Fohlens nach seiner Mutter ganz anders an als das eines Hengstes, der seinen Rivalen vertreiben will.

19

Pferdesprache: Die Körperhaltung

Pferde lernen sich durch ihren Geruch kennen. Deshalb beschnuppern sie sich gegenseitig. Manchmal quieken sie dabei sehr laut. Auch dir signalisieren sie sofort, ob sie dich mögen oder nicht. Doch ein Pferd zeigt dir nicht nur durch seinen Gesichtsausdruck und seine Lautgebung, wie es sich gerade fühlt. Auch mit seinem Körper und dem Schweif zeigt dir ein Pferd ganz deutlich, wie es ihm geht.

Wer bist du denn?

Ich mag dich!

Ich bin aufgeregt! Halte Abstand!

Wenn ein Pferd laut schnaubend umhertrabt, Kopf und Schweif hoch erhoben hält und die Nüstern bläht, ist es sehr aufgeregt. Du solltest vorsichtig sein und versuchen, es mit deiner Stimme zu beruhigen.

Komm ruhig näher! Mir geht es gut.

Pendelt das Pferd seinen Schweif locker hin und her, geht es ihm gut.

Wenn du sicher bist, dass sich das Pferd über deinen Besuch freut, sprich weiter mit ihm und kraule es auf der Stirn und zwischen den Ohren. Das finden Pferde wunderschön. Manche mögen das so gern, dass sie einschlafen.

Pferde wälzen sich gern am Boden. Dabei reibt das Pferd Kopf, Hals, Rücken und Seiten am Boden. So pflegt es sein Fell, weil dabei lose Haare, abgestorbene Hautzellen und Parasiten gelöst werden. Besonders gern wälzen Pferde sich auf trockenem Sand, in Schlammpfützen oder im Pulverschnee. Ein Wälzplatz wird von mehreren Pferden benutzt.

Auf der Weide

Auf der Weide fühlen sich Pferde am wohlsten. Dort haben sie viel Platz, Licht und frische Luft, können sich wälzen und mit ihren Artgenossen zusammen sein.

Wichtig ist, dass die Weide groß genug für einen flotten Galopp ist und nicht zu viele Pferde darauf gehalten werden, da sonst das Gras zertreten wird und nicht schnell genug nachwachsen kann. Weiden müssen regelmäßig gedüngt und gemäht werde. Im Winter muss darauf geachtet werden, dass der nasse Boden nicht zu sehr unter den Hufen der Pferde leidet.

Ein Zaun sorgt dafür, dass die Tiere nicht ausbüchsen. Er ist entweder aus Holz oder aus Kunststoff. Wichtig ist, dass die Pferde ihn gut sehen können. Oft steht der Zaun unter Strom, damit die Tiere ihn besser respektieren.

Wenn es auf der Weide keine Schatten spendenden Bäume gibt, ist eine Schutzhütte notwendig.

Bitte füttere nie fremde Pferde am Zaun! Du weißt nicht, wie freundlich sie sind. Beim Zanken um das Futter könnten sie sich verletzen. Oder du könntest ihnen aus Versehen etwas füttern, das sie nicht gut vertragen.

Frisches Wasser finden die Tiere in einer Selbsttränke. Das ist ein kleines Wasserbecken. Während die Pferde trinken, läuft sofort frisches Wasser nach. Ganz wichtig ist es, dass Pferden immer frisches, sauberes Wasser zur Verfügung steht.

Manchmal entdeckst du an einem Zaunpfosten einen Salzleckstein, den der Pferdebesitzer dort aufgehängt hat. Er enthält viele wichtige Mineralstoffe für die Tiere.

Da Pferden das Gras in der Nähe ihres Kots nicht schmeckt, freuen sie sich, wenn du alle zwei bis drei Tage die Pferdeäpfel aufsammelst.

Im Stall und Offenstall

Es gibt verschiedene Arten, Pferde zu halten. Bei der Boxenhaltung hat das Pferd eine Box, die hell und groß genug sein sollte. Prima ist ein Fenster nach draußen oder eine geteilte Tür. So bekommen die Tiere frische Luft und können viel sehen. Pferde sind Herdentiere, deshalb ist es besonders wichtig, dass sie Kontakt zu anderen Pferden haben. Sie sollten niemals alleine gehalten werden. Im Stall genießen sie es, ihren Nachbarn wenigstens beschnuppern und sehen zu können.

Achtung: Pferde sollen nicht den ganzen Tag im Stall stehen. Sorge deshalb dafür, dass sie sich jeden Tag bewegen können und nicht allein sind.

Wenn dein Lieblingspferd gerade nicht da ist, kannst du seine Box ausmisten. Frag jedoch vorher den Stallbesitzer und zieh alte Sachen an.

Eimer

Schubkarre

Mistgabel

Besen

Schwamm

Bürste

frisches Stroh

So wird ausgemistet: Zuerst stellst du die Schubkarre vor die Box. Dann beförderst du mit der Mistgabel Pferdeäpfel und nasses Stroh in die Karre und fährst das Ganze auf den Misthaufen. Anschließend verteilst du das saubere Stroh und gibst frisches darüber. Danach reinigst du den Futtertrog und die Tränke mit der Bürste und dem Schwamm. Prüfe, ob das Wasser gut nachläuft. Im Winter kann es manchmal einfrieren.

Wenn wir uns sehen und beschnuppern können, fühlen wir uns im Stall wohl.

Eine andere Art Pferde zu halten ist die Offenstallhaltung. Dort leben die Pferde in kleinen Herden zusammen auf Weiden und haben einen großen offenen Stall, in den sie zum Fressen gehen können, aber auch zum Dösen oder um Schutz vor Regen oder Sonne zu bekommen.

Was frisst ein Pferd?

In freier Wildbahn suchen sich die Pferde ihr Futter selbst. Auf einem Bauern-, Pony- oder Reiterhof müssen die Menschen für das Futter sorgen. Pferde haben einen sehr empfindlichen Magen. Darum muss das Futter immer frisch und von bester Qualität sein. Am besten erkennt man das an der Farbe und am Geruch. Es gibt drei Sorten Pferdefutter: Raufutter, Kraftfutter und Saftfutter.

Heu

Heulage

Stroh

Pferde brauchen täglich eine große Menge Raufutter. Die darin enthaltenen Stoffe sind wichtig für die Verdauung. Heu muss genügend abgelagert und getrocknet sein. Du solltest niemals ganz frisches Heu füttern! Das Heu hat eine schöne hellgrüne Farbe und duftet köstlich nach Kräutern. Gutes Heu staubt wenig. Von schlechtem Heu können Pferde krank werden und Husten oder eine Kolik, also schlimme Bauchschmerzen, bekommen. Stroh sollte eine schöne goldgelbe Farbe haben und gut riechen. Verschimmelte Halme dürfen nicht in den Stall gelangen. Silage oder auch Heulage ist halb getrocknetes Heu, welches in großen, mit Plastikfolie umwickelten Ballen verkauft wird. Achte darauf, dass der Ballen unversehrt ist. Findest du eine schimmelige Stelle, darf der ganze Ballen nicht mehr verfüttert werden. Gute Silage hat eine kräftige grüne Farbe und riecht angenehm säuerlich.

Wenn dein Pferd hustet, solltest du das Heu vor dem Füttern nass machen. Heu und Stroh solltest du vor dem Gebrauch kräftig mit der Heugabel ausschütteln, sodass der Staub sich daraus löst.

Hafer

Mais

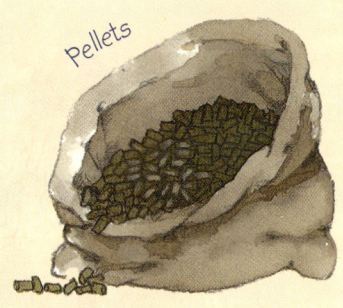
Pellets

Kraftfutter braucht das Pferd bei anstrengender Arbeit. Guter Hafer ist goldgelb und riecht richtig nach Sommer. Pellets sind kleine Würfel, Kugeln oder Plättchen aus Trockenfutter, meist ist das eine Gras-, Heu- oder Körnermischung. Auch Pellets solltest du auf ihre Qualität prüfen: Sehen sie frisch gepresst aus und riechen sie gut? Sie sollten staubfrei sein. Ein Pferd sollte nicht zu viel Kraftfutter bekommen. Es ist wichtig, dass ein Fachmann die Kraftfuttermenge bestimmt.

Möhren

Gras

Äpfel

Saftfutter nennt man alles, was saftig ist: Möhren, Äpfel, Gras, Rüben ... Pferde sind sehr wählerisch, was die Grasarten und Kräuter angeht. Deshalb sollten die Weiden dementsprechend eingesät werden. Möhren und Äpfel sollten immer frisch sein.

Achtung: Damit ein Pferd keine Kolik (= schlimme Bauchschmerzen) bekommt, darf es nie zu viel gefüttert werden.

Deshalb ist es wichtig, das Futter nicht in zu großen Mengen auf einmal anzubieten. Besser verteilt man es auf drei oder mehr Mahlzeiten pro Tag. Nach dem Fressen braucht das Pferd wenigstens eine Stunde Pause, um zu verdauen.

Eine leckere Überraschung

Tipp: Hast du Lust, einen Reiterfreund zu überraschen? Dann verschenke selbst gemachte Pferdeleckerlis! Dazu brichst du Brot in kleine Stücke und schneidest Äpfel in Scheiben. Lass alles trocknen und fülle es in eine hübsche Tüte oder einen schönen Karton mit Schleife. Damit das Futter nicht verdirbt, sollte das Pferd es bald fressen.

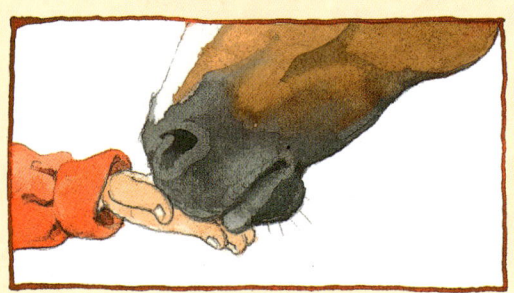

Wenn du einem Pferd einen kleinen Leckerbissen anbieten willst, frag zuerst seinen Besitzer, ob es beißt. Wenn nicht, legst du das Leckerli auf deine flache Hand und hältst sie dem Pferd hin. Wichtig ist, dass alle Finger geschlossen sind und dein Daumen anliegt.

Tiere, die gut gefüttert werden, haben ein glänzendes Fell.

Selbst gemachte Leckerlis

Du brauchst:
750 g Müsli, 500 g Haferflocken, etwas Wasser, 200–300 g Honig, 3 geriebene Karotten, 3 geriebene Äpfel

So wird's gemacht:
Mische alle Zutaten in einer großen Schüssel. Es sollte ein Teig entstehen, der noch gut zu bearbeiten ist. Falls er zu trocken ist, gib etwas Wasser dazu. Ist er zu flüssig, mische noch ein paar Haferflocken hinein. Nun formst du etwa 3 bis 4 cm lange Teigrollen. Diese schneidest du in 2 cm lange Stücke, legst sie auf ein mit Backpapier ausgelegtes Backblech und lässt sie etwa 2 Stunden bei 120°C im Ofen trocknen. Danach müssen sie unbedingt noch weitere 2 bis 3 Tage – am besten auf der Heizung – trocknen, sodass sie richtig kross sind. Leckerlis dürfen nur, wenn sie richtig gut durchgetrocknet sind, und auch nur in Maßen gefüttert werden. Achte darauf, dass sie nicht feucht werden, denn dann schimmeln sie schnell und dein Pferd könnte eine Kolik bekommen.

Vorsicht, giftig!

Einige Pflanzen sind für Pferde giftig. Mit ihren Tasthaaren erkennen Pferde, ob das Futter bekömmlich für sie ist. Leider haben unsere gezüchteten Pferde diese Fähigkeit etwas verloren. Deshalb ist es wichtig, dass du diese giftigen Pflanzen kennst und dein Pferd davor schützt:

Goldregen

Lebensbaum

Eibe

Herbstzeitlose

Maiglöckchen

Tollkirsche

Fingerhut

Buchsbaum

Achte bei Ausritten darauf, dass dein Pferd keine unbekannten Kräuter frisst!

Putzen, striegeln, Hufe auskratzen

Pferde brauchen Pflege. Wenn du Pferde auf der Weide beobachtest, siehst du oft, wie sie sich gegenseitig kraulen. Oder sie wälzen sich und schubbern sich an einem Baum. Das alles dient der Fellpflege. Im Stall geht das natürlich nicht. Darum müssen dann die Menschen diese wichtige Pflege übernehmen.

Wenn du ein Pferd putzen möchtest, frag zuerst den Stallbesitzer, ob er ein ruhiges, geduldiges Pferd hat, mit dem du üben kannst. Lass dir am besten von einem erfahrenen Reiter helfen.

Du brauchst:

Striegel aus Gummi

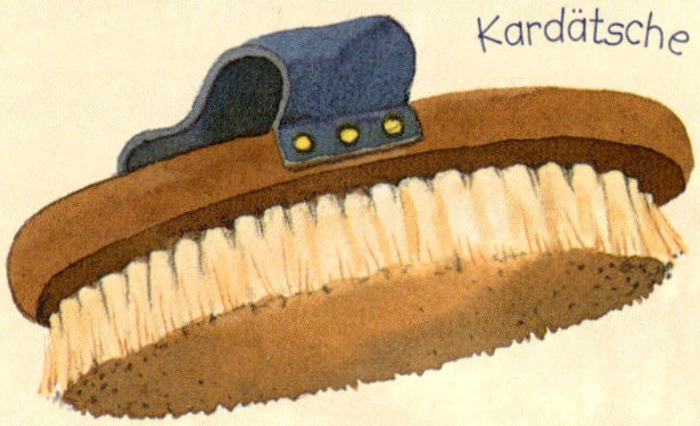

Kardätsche

Wurzelbürste

Mähnenbürste

Mähnenkamm

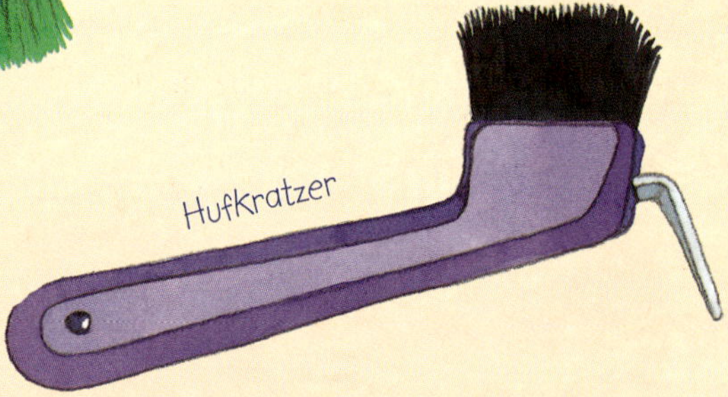

Hufkratzer

Bevor's richtig losgeht, hier wichtige Tipps auf einen Blick:

🐎 Vermeide hektische Bewegungen und laute Worte. Sprich mit ruhiger Stimme zu dem Pferd. Dann weiß es, dass du ihm etwas Gutes tun möchtest.

🐎 Nimm dir für die Pferdepflege viel Zeit. Denn mit ausgiebigem Putzen kannst du dir bei den Pferden schnell Freunde schaffen.

🐎 Verwende ein Putzzeug-Set nur an einem Pferd, damit keine Krankheiten, zum Beispiel Pilze, übertragen werden.

🐎 Halte beim Putzen immer eine bestimmte Reihenfolge ein. Dann vergisst du nichts.

🐎 Beobachte das Pferd genau. Es zeigt dir, was ihm gefällt und was es nicht so gern hat. Wenn du Stellen putzt, an denen es zum Beispiel kitzelig ist, wird es unruhig und legt die Ohren an. Vorsicht: Es könnte nach hinten ausschlagen.

🐎 Pass auf, dass das Pferd dir nicht aus Versehen auf die Füße tritt.

🐎 Wenn du beim Putzen eine Verletzung, eine Entzündung oder eine geschwollene Stelle findest, gib sofort dem Besitzer oder dem Reitlehrer Bescheid!

So wird geputzt

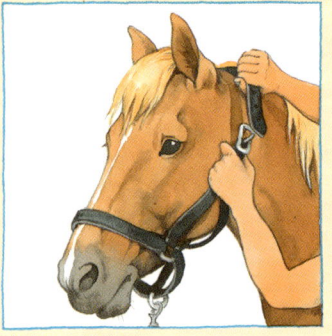

1. Zuerst ziehst du dem Pferd ein Halfter an. Am Halfter wird ein Strick befestigt. Daran führst du das Pferd in die Stallgasse oder, falls vorhanden, zum Putzplatz. Wenn es möglich ist, solltest du dein Pferd draußen an der frischen Luft putzen, weil es dort nicht so staubig ist.

2. Mit dem Strick wird das Pferd am Anbindering angebunden. Der Anbindeknoten ist sehr wichtig: Wenn das Pferd in Panik gerät, lässt er sich schnell mit nur einer Hand öffnen. Weil der Knoten so wichtig ist, übst du ihn am besten ein paar Mal mit einem erfahrenen Reiter.

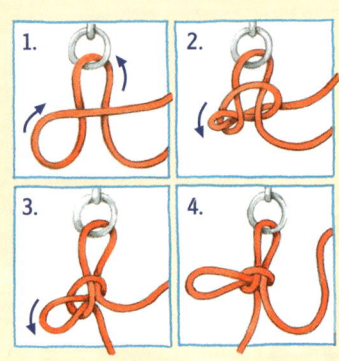

3. Nun stellst du dich neben die Schulter des Pferdes. Mit dem Striegel raust du das Fell an den weichen Körperstellen (Hals, Bauch ...) kreisförmig auf. Für die harten Körperstellen (die Beine) nimmst du die Wurzelbürste. Zum Säubern klopfst du einfach Striegel und Bürste auf dem Boden ab.

4. Dann putzt du das Fell mit der Kardätsche blank. Um sie zu reinigen streichst du sie ab und zu über den Striegel.

5. Als Nächstes ist die Mähne an der Reihe. Mit der Wurzelbürste kämmst du sie zuerst glatt auf eine Seite. Langes, dichtes Haar bürstest du nun mit der Mähnenbürste. Für kurze, feinere Haare genügt der Mähnenkamm.

6. Nun entfernst du Stroh und Späne, die sich im Schweif verfangen haben. Da die Schweifhaare sehr langsam wachsen, hebst du dir das aufwendige Verlesen des Schweifs für besondere Anlässe auf. Dazu wäschst du den Schweif gründlich und nimmst ihn in die linke Hand. Mit der rechten Hand ziehst du jedes Haar einzeln nach oben heraus.

7. Es ist ganz wichtig, die Hufe vor und nach dem Reiten gründlich zu reinigen, damit das Pferd von Schmutz und Steinchen keine Entzündungen oder Druckstellen bekommt. Stell dich mit Blick zum Schweif neben das Bein des Pferdes. Streiche mit der Hand an der Innenseite des Beines hinunter bis zum Fesselkopf. Lehne dich mit deiner Schulter etwas gegen das Pferd und sage deutlich: „Fuß!" Jetzt hebst du den Huf hoch und kratzt ihn aus. Bei den Hinterbeinen machst du es genauso. Das schwere Bein kannst du auf deinem Oberschenkel ablegen. Die meisten Pferde sind jedoch so nett und halten ihre Hufe von alleine hoch.

Zeigt her eure Hufe!

Wie unsere Fingernägel wachsen auch die Hufe der Pferde. Der Schmied schneidet überschüssiges Horn mit dem Hufmesser ab und feilt den Huf zurecht.

Wenn Pferde viel geritten werden oder oft auf Straßen traben müssen, können die Hufe nicht schnell genug nachwachsen. Darum bekommen solche Pferde vom Schmied Hufeisen.

Zuerst entfernt der Schmied die alten Hufeisen. Dann hält er das neue Hufeisen ins Schmiede-feuer, bis es glüht, und schlägt es auf einem Amboss in die richtige Form. Noch heiß passt der Schmied das Eisen dem Huf an. Dabei entsteht eine Rauchwolke. Zum Schluss wird das Hufei-sen festgenagelt.

Und das alles tut dem Pferd gar nicht weh! Denn das Eisen wird an den leblosen Teil des Hufs geschlagen.

Hufeisen-Rahmen

Male ein Hufeisen schön bunt an. Lege es auf dein Lieblingsfoto und schneide dieses entlang der Huf-eisenform aus. Nun klebst du es von hinten am Hufeisen fest. Zum Aufhängen fädelst du ein buntes Band durch die Nagellöcher.

Hufeisen werfen

Frag den Schmied, ob er dir ein paar alte Hufeisen schenkt. Male sie bunt an. Jeder Spieler bekommt jetzt zwei Eisen in der gleichen Farbe. Auf einer Weide hämmert ihr einen Holzpfosten ins Gras. Nun versucht jeder Spieler, seine Hufeisen um den Pfosten zu werfen. Wer am nächsten dran ist, hat ge-wonnen. Denkt daran, den Pfosten nach dem Spielen wieder mitzunehmen!

Wenn der Tierarzt kommen muss

Verantwortungsvolle Pferdehalter rufen den Tierarzt regelmäßig, damit er alle Pferde gegen Husten und Tetanus impft und ihnen Medizin gegen Würmer gibt.

Um feststellen zu können, ob es deinen vierbeinigen Freunden gut geht, musst du sie sorgfältig beobachten. Wenn ein Pferd zum Beispiel lahmt oder nichts fressen will, sagst du das am besten gleich dem Reitlehrer oder dem Pferdebesitzer.

Ganz ruhig! Gleich gibt's Medizin gegen deinen Husten.

Gib ihnen auf jeden Fall sofort Bescheid, wenn ein Pferd auffallend unruhig ist, sich immer wieder wälzt und oft den Kopf zum Bauch hin wendet. Denn so verhält sich ein Pferd, das starke Bauchschmerzen hat, weil etwas in seinem Verdauungstrakt nicht stimmt. Fachleute nennen das Kolik.

Tierarzt Dr. Huf: 41444
Hufschmied Nagel: 39000
Feuerwehr: 112
Polizei: 110
Rose Müller: 12345
Tiffy Schmitz: 67890

In jeden Stall gehört eine Tafel mit den wichtigsten Telefonnummern (Tierarzt, Feuerwehr, Pferdebesitzer) und einem Hinweis, wo das nächste Telefon steht.

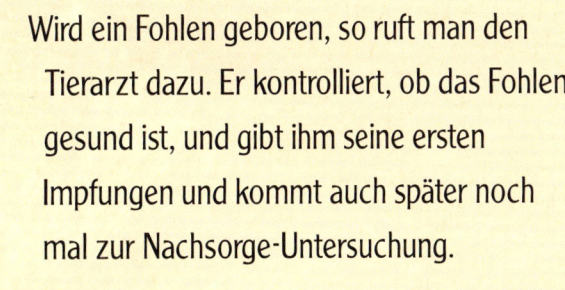

Wird ein Fohlen geboren, so ruft man den Tierarzt dazu. Er kontrolliert, ob das Fohlen gesund ist, und gibt ihm seine ersten Impfungen und kommt auch später noch mal zur Nachsorge-Untersuchung.

Die richtige Reitausrüstung

Vor der ersten Reitstunde brauchst du nicht lange zu überlegen, was du anziehen sollst, denn am Anfang benötigst du keine komplett neue Reitausbildung. Schmuck solltest du beim Reiten überhaupt nicht tragen, weil du damit schnell hängen bleiben und dir wehtun könntest.

Reithandschuhe

Schutzweste

Kappe

Stiefel

hohe Schuhe mit Absätzen

Wichtig ist jedoch eine gut sitzende Kappe mit Vier-Punkt-Befestigung, die deinen Kopf schützt. Reite niemals ohne Kappe!

Außerdem brauchst du eine bequeme Hose, die keine Falten wirft. Und Schuhe, die über die Knöchel gehen und Absätze haben, damit sie nicht durch die Steigbügel rutschen. Am sichersten sind Stiefel.

Dein T-Shirt oder Pullover sollte nicht zu groß sein. Denn sonst kann der Reitlehrer nicht sehen, ob du richtig im Sattel sitzt. Beim Springen und im Gelände ist es ratsam, eine Schutzweste zu tragen. Diese sollte sehr gut sitzen und dich beim Reiten nicht einengen. Praktisch sind auch ein Paar Reithandschuhe, die es schon für wenig Geld zu kaufen gibt.

All diese Sachen hast du entweder in deinem Kleiderschrank oder aber du leihst sie dir von Freunden. Denn erst, wenn du dich wirklich für den Reitsport entschieden hast, lohnt es sich, eine echte Reithose und Reitstiefel anzuschaffen.

In Reitsportgeschäften gibt's oft preisgünstig gebrauchte Reitsachen für Kinder.

Achte darauf, bequeme Unterwäsche und unbedingt ein Unterhemd beim Reiten zu tragen, denn sonst bekommst du schnell eine Nierenentzündung oder einen wunden Po! Und das bedeutet: Reitpause!

So wird aufgesattelt

Der Sattel verbindet Pferd und Reiter – er kann gut sitzen und dabei den Sitz des Reiters unterstützen und dem Pferd das Tragen des Gewichts erleichtern oder er sitzt schlecht. Dann stört er Pferd und Reiter. Lass dir darum beim ersten Satteln von einem erfahrenen Reiter helfen. Du brauchst dafür eine Satteldecke und einen Sattel mit Sattelgurt und Steigbügeln.

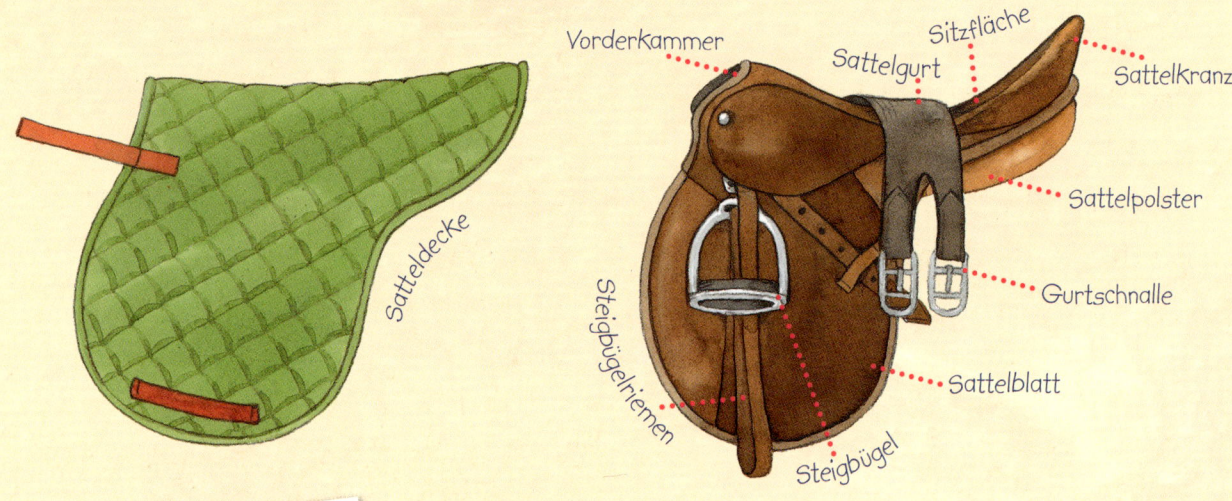

Satteldecke

Vorderkammer
Sitzfläche
Sattelgurt
Sattelkranz
Sattelpolster
Gurtschnalle
Steigbügelriemen
Sattelblatt
Steigbügel

Sollten dir vor dem Satteln kleinere Verletzungen, Knötchen oder andere ungewöhnliche Dinge in der Sattel- oder Gurtlage auffallen, sag deinem Reitlehrer Bescheid. Du solltest dieses Pferd dann nicht reiten, bis es wieder gesund ist.

Solltest du den Sattel versehentlich zu weit hinten aufgelegt haben, darfst du ihn nicht einfach nach vorn schieben. Denn das Fell muss glatt darunter liegen – beim Schieben würde es sich gegen den Strich aufstellen. Davon könnte dein Pferd schmerzhafte Druckstellen bekommen.

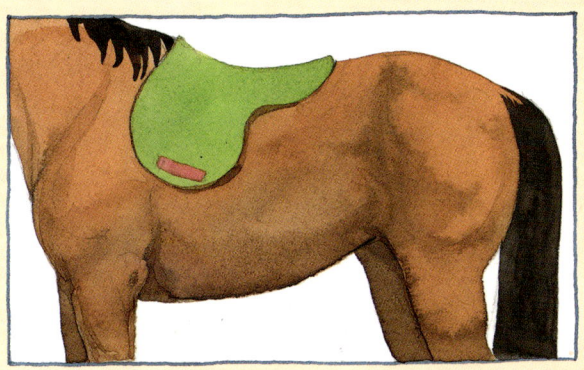

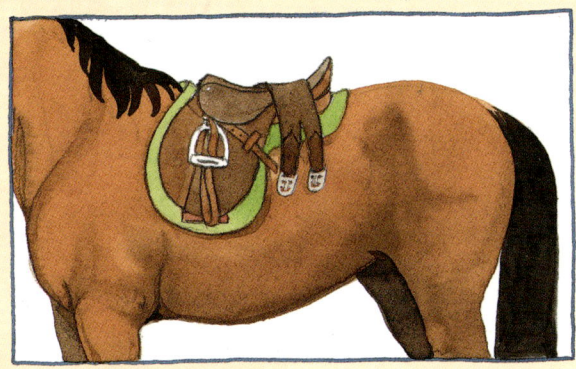

1. Zuerst legst du von links die Satteldecke auf den Pferderücken – ein Stückchen vor den Widerrist. Dann schiebst du sie in die Sattellage, sodass alle Haare glatt unter der Decke liegen. Denk daran: Niemals den Sattel gegen den Strich des Fells schieben!

2. Als Nächstes setzt du den Sattel auf die Satteldecke. Dabei liegt der Sattelgurt über dem Sattel. Die Steigbügel sind hochgezogen. Nun befestigst du die Sattelstrippen und ziehst die Satteldecke in den Sattelbaum, sodass sie nicht auf den Widerrist drückt.

3. Dann lässt du auf der rechten Seite den Gurt herunter. Auf der linken befestigst du ihn durch die Schlaufen der Satteldecke. Ziehe den Gurt so an, dass er nicht zu stramm sitzt, der Sattel jedoch nicht rutscht.

4. Zum Schluss stellst du die Steigbügel auf deine Beinlänge ein. Der Steigbügelriemen sollte zwischen Schnalle und Steigbügelboden nicht länger als dein ausgestreckter Arm sein. Jetzt fehlt nur noch die Trense.

Und so wird aufgetrenst

Die Trense gehört zum Zaumzeug des Pferdes und besteht aus verschiedenen Bestandteilen. Da jedes Pferd anders ist und darum auch jedes Pferdemaul verschieden ist, muss das Gebiss der Trense für jedes Pferd genau angepasst werden. Darum sollte jedes Pferd auch seine eigene Trense haben. Beim ersten Auftrensen hilft dir bestimmt ein erfahrener Reiter.

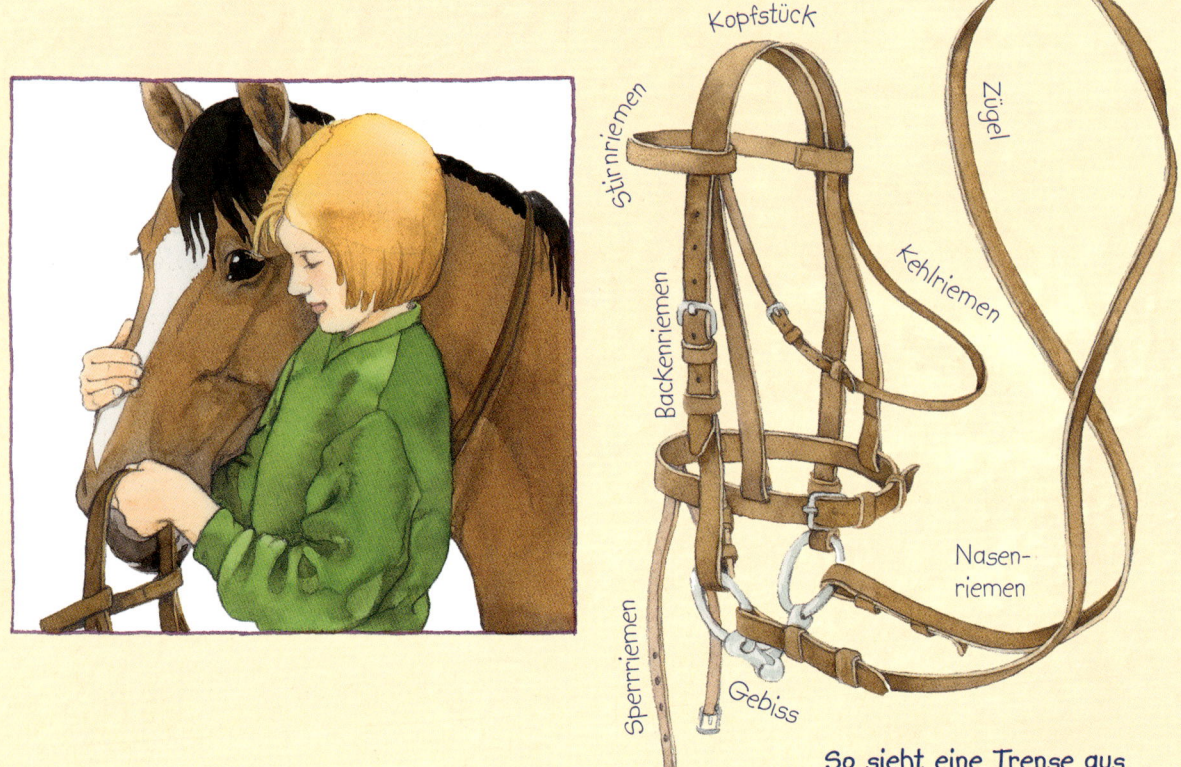

So sieht eine Trense aus.

1. Stelle dich links neben den Pferdekopf. Mit der linken Hand hältst du das Kopfstück der Trense fest. Mit der rechten Hand streifst du die Zügel über den Pferdehals. Dann führst du deinen rechten Unterarm unter den Ganaschen des Pferdes hindurch und übernimmst das Kopfstück der Trense aus der linken Hand.

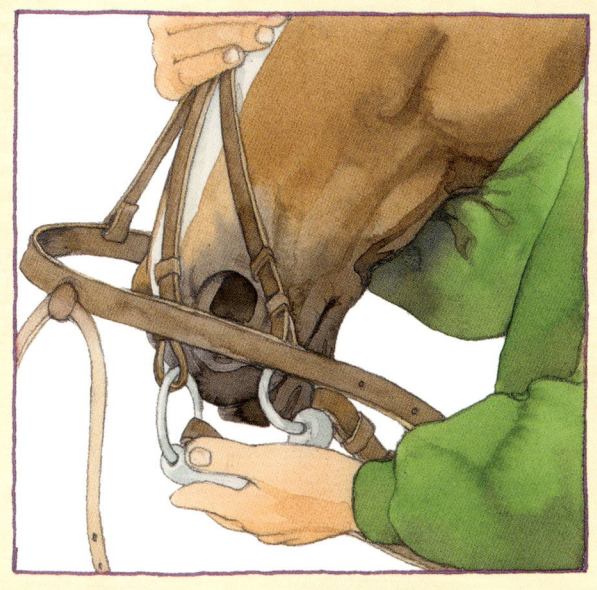

2. Nun schiebst du mit der linken Hand das Gebiss ins Pferdemaul. Wenn das Pferd sein Maul nicht von selbst öffnet, fasst du mit dem Daumen in die Maulspalte. Keine Angst, da sind keine Zähne!

3. Dann streifst du die Trense mit der rechten Hand über die Ohren. Anschließend holst du den Mähnenschopf unter dem Stirnband hervor.

4. Zum Schluss müssen Nasen- und Kehlriemen verschnallt werden. Zwischen Kehlriemen und Pferdekopf sollte deine Faust noch Platz haben. Und zwischen Jochbein und Nasenriemen sollten zwei Finger passen. Am besten lässt du dir das von einem erfahrenen Reiter zeigen.

43

Aufgesessen!

Nun geht's zur Reitbahn! Führe dein Pferd auf deiner rechten Seite in die Mitte der Bahn. Dort überprüfst du gemeinsam mit deinem Reitlehrer, ob der Sattelgurt noch strammer gezogen werden muss. Reiter nennen das „nachgurten". Und so wird aufgesessen:

1. Stell dich mit deiner linken Schulter an die linke Schulter des Pferdes und blicke auf die Pferdekruppe. Mit deiner linken Hand hältst du beide Zügel und greifst vorn an den Sattel. Mit deiner rechten Hand drehst du den Steigbügel so, dass du mit deinem linken Fuß hineintreten kannst.

2. Dann greifst du mit der rechten Hand ans Sattelende. Jetzt stößt du dich mit dem rechten Bein ab und ziehst dich mit deinen Händen hoch.

3. Schwinge dein rechtes Bein über das Pferd und rutsche vorsichtig in den Sattel.

4. Dort sortierst du die Zügel und trittst einmal kräftig in den rechten Steigbügel, damit der Sattel richtig sitzt.

Angenehmer für das Pferd und für dich ist es, wenn du eine sogenannte „Aufstiegshilfe" benutzt. Das kann ein einfacher Holzblock oder eine kleine Trittleiter sein. Es entlastet den Rücken des Pferdes, schont den Sattel und ist für dich auch viel bequemer.

An der Longe

Deine ersten Reitversuche machst du an der Longe, einer langen Leine. Das Pferd läuft im Kreis um den Reitlehrer herum und hört auf seine Kommandos. Du brauchst dich nicht darum zu kümmern. Du achtest darauf, dass du aufrecht sitzt, dein Gleichgewicht hältst (ganz wichtig!) und dich den Bewegungen anpasst. Wenn es schon ganz gut klappt, werden die Steigbügel übergeschlagen.

Manchmal wackelt es ganz schön so hoch oben auf einem Pferderücken. Darum gibt's am Sattel einen kleinen Griff, an dem du dich festhalten kannst. Ziel ist es jedoch, möglichst unabhängig von den Händen zu sitzen. Denn später, wenn du die Zügel hältst, darfst du dich nicht an ihnen festhalten, weil das dem Pferd im Maul wehtun kann.

Wichtig ist, dass du deinen Kopf locker und gerade trägst. Schau nicht auf deine Hände und nicht auf den Boden. Das gelingt dir am besten, wenn du immer zwischen den Ohren des Pferdes hindurchsiehst.

Allein losreiten – aber wie?

Bestimmt möchtest du bald selbst die Zügel in die Hand nehmen. Das geht so:

Die Zügel sollen zwischen deinem kleinen Finger und deinem Ringfinger in die Hand hineinlaufen und zwischen Zeigefinger und Daumen wieder hervorkommen. Dein Daumen liegt dachförmig obenauf. Achte darauf, dass du deine Handgelenke locker hältst – sie weder nach außen noch nach innen biegst. Mit deinem Gewicht, deinen Schenkeln, den Zügeln und deiner Stimme teilst du dem Pferd mit, was es tun soll.

So reitest du los:

- Gehe mit beiden Händen Richtung Pferdemaul vor.
- Klopfe mit deinen Schenkeln an den Pferdebauch.
- Bleibe mit deinem ganzen Gewicht fest im Sattel sitzen.
- Sage kurz: „Komm!"

So hältst du an:

- Richte dich auf. Halte die Zügelfaust fest geschlossen und lasse sie, ohne nachzugeben, einen Moment an ihrem Platz. Deine Hände bewegen sich dabei nicht zum Körper!
- Bleibe tief im Sattel sitzen.
- Sage kurz: „Brrr!" oder „Haaalt!"

Und so reitest du nach links:

- Sieh zuerst nach links.
- Verlagere dein Gewicht auf die linke Seite.
- Schiebe dein rechtes Bein etwas nach hinten und dein linkes etwas nach vorn.
- Gehe mit der rechten Hand vor und spanne den linken Zügel leicht an.

Wenn du nach rechts reiten willst, machst du dasselbe anders herum.

Deine erste richtige Reitstunde

Bald reitest du bestimmt mit anderen Kindern in einer „Abteilung" (= Gruppe) durch die Reithalle – in einer langen Reihe, immer hinter dem „Tetenreiter" (= Anfangsreiter) her. In der Mitte steht der Reitlehrer und gibt Kommandos, die alle befolgen müssen. Der Tetenreiter zeigt, wie's geht.

Wichtig ist, dass du nicht zu viel und nicht zu wenig Abstand zu dem Pferd vor dir hältst. Wenn du durch die Ohren deines Pferdes die Hinterfüße des Vorderpferdes sehen kannst, stimmt der Abstand.

Weil auf einer Reitbahn meist mehrere Reiter unterwegs sind, müssen alle Regeln beachten, damit keine Unfälle passieren. Hier die wichtigsten Regeln auf einen Blick:

- Schau immer, was die anderen Reiter machen. Wenn du nach unten guckst, kannst du nicht sehen, ob jemand gerade deinen Weg kreuzt.
- Wenn du Schritt reiten oder anhalten möchtest, gehst du in die Mitte der Bahn, sodass die anderen außen an dir vorbeireiten können.

Achte beim Reiten nicht nur auf deine Haltung, sondern auch auf deine Atmung: Beim Einatmen spannst du den Körper, das Ausatmen entspannt ihn. Wenn du regelmäßig atmest, bekommst du die richtige Körperspannung zum Reiten.

Tetenreiter

Die Hufschlagfiguren

In den Reitstunden lernst du sicher bald verschiedene Hufschlagfiguren kennen. Das sind genau festgelegte Pfade durch die Reitbahn.

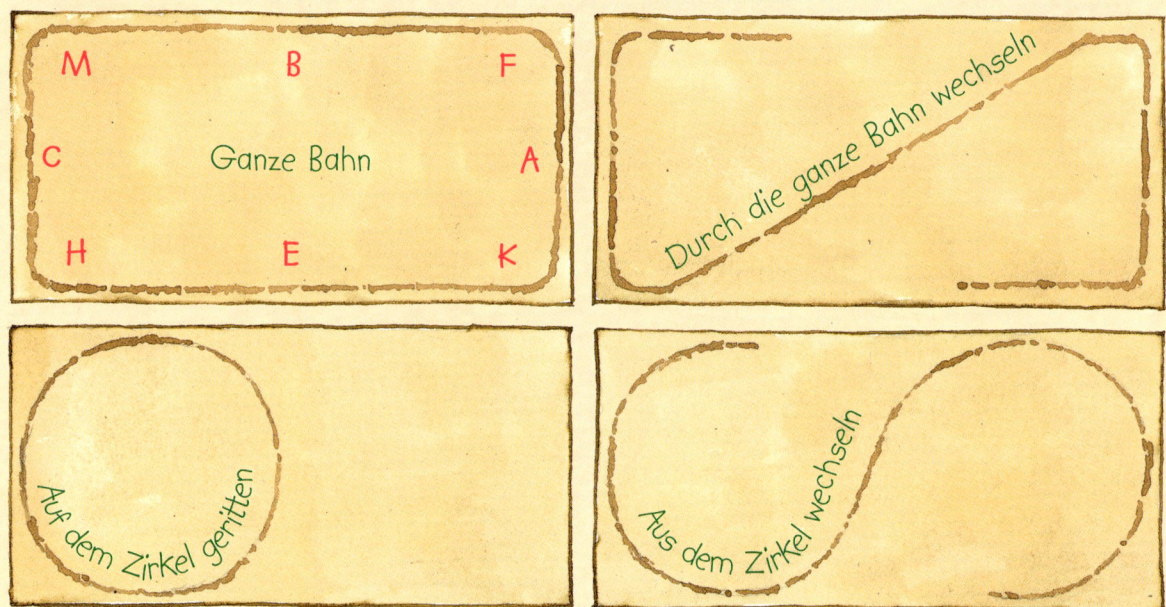

Die Buchstaben an der Reitbahn helfen dir dabei die verschiedenen Hufschlagfiguren zu reiten.
Merke sie dir mit diesem Satz: Mein Bester Freund Albert Kaut Eine Halbe Citrone.
Bei den Hufschlagfiguren, auch Bahnfiguren genannt, gibt es welche mit und welche ohne Handwechsel. Bei Figuren ohne Handwechsel reitet man immer in dieselbe Richtung. Zu diesen Figuren gehört beispielsweise der Zirkel, also ein großer Kreis in der Hälfte des Reitplatzes. Bei den Hufschlagfiguren mit Handwechsel kommt das Wort „wechseln" meist schon im Kommando vor, zum Beispiel: „Durch die ganze Bahn wechseln!"

Wenn ihr im Uhrzeigersinn reitet, heißt das „auf der rechten Hand". Gegen den Uhrzeigersinn nennt man es „auf der linken Hand". Reiter auf der linken Hand haben „Vorfahrt".

Abtrensen und Absatteln

Nach dem Reiten wird zuerst abgetrenst. Auch dabei solltest du behutsam vorgehen, damit nicht etwa das Gebiss gegen die empfindlichen Pferdezähne schlägt.

1. Löse Nasen- und Kehlriemen. Lege die Zügel hinter die Ohren auf das Kopfstück der Trense. Ziehe das Kopfstück über die Ohren nach vorn.

2. Ziehe dem Pferd ein Halfter an und binde es fest. Halfter öffnest und schließt du je nach Modell entweder am Kehlriemen oder am Genickstück.

3. Gebiss auswaschen und Trense aufhängen – fertig!

Dann wird abgesattelt:

1. Schiebe die Steigbügel bis zur Schnalle hoch.
2. Löse den Gurt auf der linken Seite.
3. Gehe um das Pferd herum und lege den Gurt von rechts über den Sattel.
4. Zurück auf der linken Seite, hebst du Sattel und Satteldecke mit beiden Händen hoch.
5. Hänge den Sattel auf seinen Sattelbock und die Satteldecke zum Trocknen auf.

Pferdepflege nach dem Reiten

Anschließend freut sich das Pferd über Pflege. Dafür brauchst du:

Gartenschlauch

Wurzelbürste

Huffett und Pinsel

2 nasse Schwämme

HUFFETT

Hufkratzer

Schweißmesser

Und so verwöhnst du gemeinsam mit einem erfahrenen Reiter deinen vierbeinigen Freund:

1. Wenn es erlaubt ist, gib dem Pferd zuerst die Gelegenheit, sich auf der Weide oder im Sand genüsslich zu wälzen.

2. Danach spritzt du dem Pferd die Beine ab. Im Sommer kannst du das ganze Pferd abbrausen. Pass auf, dass kein Wasser in die Ohren kommt! Ein überhitztes Pferd darfst du nicht sofort kalt abduschen. Führe es vorher im Schritt.

3. Dann ziehst du das Wasser mit einem Schweißmesser ab.

4. Anschließend wischst du mit einem Schwamm die Sattel-, Gurt- und Trensenlage aus und entfernst den Schweiß zwischen den Vorder- und Hinterbeinen.

5. Mit dem anderen Schwamm säuberst du Maulwinkel und Augen.

6. Danach kratzt du die Hufe aus. Ob sie gefettet oder geölt werden müssen, entscheidest du je nach der Beschaffenheit des Hufs.

7. Nun putzt du mit der Wurzelbürste die Schweißstellen weg.

8. Dann tastest du den ganzen Pferdekörper vorsichtig nach möglichen Druckstellen und Verletzungen ab.

9. Jetzt führst du das Pferd so lange umher, bis es trocken ist. Langes Winterfell reibst du zusätzlich mit etwas Stroh trocken.

10. Zum Schluss bedankst du dich beim Pferd für die tolle Zusammenarbeit – auch wenn es mal nicht so gut geklappt hat. Nach einer Portion Möhren oder Äpfeln, ein paar liebevollen Worten und Streicheleinheiten wird das Pferd dich in guter Erinnerung behalten.

Die verschiedenen Reitweisen

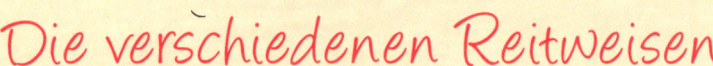

Je mehr du mit Pferden zu tun hast, desto neugieriger wirst du bestimmt auf die verschiedenen Reitweisen.

Dressurreiten: Von Natur aus sind Pferde es nicht gewöhnt, auf Kommandos zu hören und Lasten zu tragen oder zu ziehen. Das Dressurreiten fördert den Gehorsam der Tiere und stärkt ihre Muskeln. Darum ist die Dressur für alle Reit- und Fahrpferde wichtig. Außerdem ist das Dressurreiten ein spezieller Turniersport. Sehr gute Reiter können ihr Pferd zum Beispiel auf der Stelle traben lassen.

Springreiten: Pferd und Reiter überwinden verschiedene Hindernisse. Dazu gehören Rick, Oxer, Gatter, Mauer und Wassergraben. Gar nicht so einfach! Junge Reiter beginnen mit einfachen Hindernissen. Sie legen eine Stange auf den Boden und springen mit dem Pferd darüber. Nach und nach wird die Stange immer höher aufgehängt. Wenn sie mal runterfällt, ist das nicht schlimm.

Vielseitigkeit: Sie wird auch „Krone der Reiterei" genannt. Denn hier messen sich Reiter im Springen, in der Dressur und darüber hinaus in Geländeprüfungen. Dabei müssen sie feste Hindernisse, zum Beispiel Baumstämme, überwinden.

Westernreiten: Wie die Cowboys im Wilden Westen halten die Reiter die Zügel nur mit einer Hand. Denn die andere Hand brauchen sie für das Lasso, mit dem sie ein Rind einfangen wollen. Dafür ist es auch wichtig, dass Westernreiter aus vollem Galopp anhalten können – ohne dabei stark an den Zügeln zu ziehen und dem Pferd so wehzutun.

Distanzreiten: Das ist ebenfalls ein richtiger Leistungssport, für den Vollblüter am besten geeignet sind. Stell dir vor: An einem einzigen Tag schaffen sie 160 Kilometer! Das ist so weit wie von Münster nach Köln.

Gangpferdereiten: Diese Reitweise ist nur mit Pferden möglich, die als zusätzliche Gangarten den Tölt und den Pass haben – wie die Islandpferde. Weil Tölt und Pass für den Reiter so bequem sind, ist Gangpferdereiten vor allem für Wanderritte prima.

Dein erster Ausritt

Wenn du dich im Schritt, Trab und Galopp sicher fühlst, kommt bald der große Tag, an dem du zum ersten Mal ausreitest – für Pferd und Reiter einfach das Allerschönste! Damit keine Unfälle passieren, musst du ein paar Regeln beachten:

- Mache dich niemals allein auf den Weg, sondern immer gemeinsam mit erfahrenen Reitern.
- Reite nur auf einem ruhigen Pferd aus.
- Benutze nur gekennzeichnete Reitwege. Querfeldein darfst du nicht reiten, weil Wildtiere und Pflanzen darunter leiden würden.
- Wenn du auf Spaziergänger, Radfahrer oder Jogger triffst, reite nicht schneller als Schritt. Denn manche Menschen haben Angst vor Pferden und du solltest sie nicht erschrecken.
- Wenn du gemeinsam mit anderen ausreitest, gibt der Tetenreiter die Kommandos. Er sollte immer früh genug einen Gangartenwechsel ansagen.

🐎 Überholen verboten! Besonders im Galopp ist es sehr gefährlich, den Vordermann zu überholen. Denn daraus kann schnell eine riskante Jagd werden. Wenn du merkst, dass dein Pferd losstürmt, ruf sofort nach vorn, dass die anderen langsamer reiten und zum Schritt kommen sollen.

🐎 Stürzt jemand vom Pferd, müssen sofort alle anhalten. Kümmert euch zuerst um den Reiter, dann um das Pferd!

🐎 Wenn ihr im Dunkeln reitet, zieht reflektierende Sachen an und nehmt Lampen mit. Für Pferde gibt es Leuchtbandagen und reflektierende Satteldecken.

🐎 Zwischen Mai und November solltet ihr früh morgens vor und abends nach der Dämmerung nicht im Wald reiten. Denn zu dieser Zeit wird gejagt.

🐎 Besonders viel Spaß macht es, im Herbst über Stoppelfelder zu reiten. Am besten fragt ihr vorher den Bauern, ob er damit einverstanden ist.

Ein lustiges Stallfest

In einem Reitstall lernst du schnell viele andere Kinder kennen und kannst Freundschaften schließen. Habt ihr Lust, ein witziges Stallfest zu veranstalten? Dann fragt zunächst den Stallbesitzer, ob ihr gemeinsam mit ihm eine Party feiern dürft. Wenn ja, malt als Erstes ein großes Plakat und hängt es ans schwarze Brett.

Liebe Reiterfreunde!
Wir feiern ein Stallfest!
Wann: am Freitag, 4. August,
um 15 Uhr.
Wo: vor der Stalltür.
Zieht Reitsachen an, bringt
Kuchen und gute Laune mit!

Dann ist die Dekoration an der Reihe. Stellt lange Tische auf und legt Strohballen als Bänke drum herum.

Gut macht sich auch eine Papiertischdecke, auf die ihr Hufeisen und Pferde malt und dazu die Namen eurer vierbeinigen Freunde schreibt. Ein bisschen Heu und Stroh, hier und da verteilt, sieht bestimmt auch hübsch aus. Zu einem richtigen Reiterfest gehören natürlich auch pferdestarke Spiele. Zwei findet ihr auf der nächsten Seite.

Für die „Wäscheleine" braucht ihr:

eine etwa drei Meter lange Wäscheleine,
zwei Hindernisständer, zehn Wäscheklammern,
 fünf Paar bunte Socken,
einen Wäschekorb

Spannt die Leine und hängt die Socken daran. Dann reitet ein Kind los und versucht – ohne ab-zusteigen – zwei gleiche Socken von der Leine zu holen und in den Korb zu werfen.

Fürs „Apfelbeißen" braucht ihr:

eine mit Wasser gefüllte Plastikschüssel,
einen Strohballen, pro Spieler
einen Apfel

Zuerst stellt ihr die Schüssel auf den Strohballen und legt die Äpfel hinein. Jetzt muss ein Kind nach dem anderen zur Schüssel reiten, absteigen und – ohne Hände! – versuchen, mit den Zähnen einen Apfel aus der Schüssel zu fischen. Anschließend legt ihr den Apfel auf die aus-gestreckte Hand und gebt ihn eurem Pony.

Wichtige Begriffe

Abzeichen

Abzeichen sind abgesetzte weiße oder manchmal auch farbige Stellen im Fell von einfarbigen Pferden, meist am Kopf und an den Beinen. Sie sind normalerweise angeboren, können aber auch auftreten, wenn sich aufgrund der Temperatur das Fell des Pferdes wechselt. Da Abzeichen unveränderliche Kennzeichen eines Pferdes sind, werden sie in seinen Abstammungsnachweis eingetragen.

Apfelschimmel

Schimmel kommen schwarz auf die Welt und werden dann heller. Ein Apfelschimmel hat ein dunkles Netz- oder Ringmuster in seinem ansonsten bereits heller werdenden Fell. Meist ist das Apfelschimmel-Muster eine Art Zwischenstufe beim Hellerwerden des Schimmels. Manche Pferde behalten das Muster aber auch ein Leben lang.

Box

Eine Box ist ein abgegrenzter Raum im Stall, in dem ein Pferd untergebracht wird. Die Box sollte so groß sein, dass sich das Pferd darin drehen und auch hinlegen kann, ohne sich zu stoßen. Mehrere Boxen sind meist durch Gitterstäbe oder Holzwände voneinander abgetrennt, damit die Pferde sich sehen und riechen, aber nicht beißen können.

Brandzeichen

Brandzeichen sind in das Fell eingebrannte Kennzeichen, die auf die Herkunft oder die Rasse des Pferdes hinweisen. Meist werden sie am linken Oberschenkel oder am Hals des Pferdes angebracht, wenn es ein paar Monate alt ist. Früher, als es noch keine Abstammungsnachweise und Zuchtbücher gab, galt das Brandzeichen als Besitznachweis für den Pferdehalter. Mehr und mehr werden Pferde mit Chips gekennzeichnet, was für die Tiere weniger schmerzhaft ist als das Brennen.

Brauner

Ein Brauner ist ein Pferd mit bräunlichem oder rötlichem Fell, schwarzer Mähne und schwarzem Schweif. Durch das schwarze Langhaar unterscheidet sich der Braune vom Fuchs. Häufig sind beim Braunen auch die Beine schwarz. Als Vorstufe zum Braunen gilt der Falbe.

Distanzreiten

Distanzreiten ist ein anspruchsvoller Leistungssport im Gelände, bei dem Reiter und Pferd innerhalb von einem oder mehreren Tagen möglichst schnell lange Strecken zurücklegen müssen. Auf diesen Strecken kann es natürliche Hindernisse geben, die aber immer auch umritten werden

können. Da Distanzritte sehr lang und anstrengend sind, müssen Distanzpferde besonders gut trainiert und sehr ausdauernd und ihre Reiter wirklich sehr sattelfest sein.

Dressur

Die Dressur bildet die Grundlage für die Ausbildung von Pferden für alle Bereiche des Reitsports. Die Dressur soll das Pferd körperlich und mental fit machen und seinen Gehorsam fördern. Bei Reitturnieren gibt es einerseits spezielle Dressurprüfungen, andererseits ist die Dressur auch Bestandteil beim Western- und Vielseitigkeitsreiten oder auch, wenn man bestimmte Reitabzeichen machen möchte. Beim Dressurreiten wird nicht nur die Leistung des Pferdes gewertet, sondern auch der Sitz des Reiters sowie das Zusammenspiel zwischen Pferd und Reiter.

Falbe

Ein Falbe ist ein Pferd mit weißlichgelben bis bräunlichgrauem Fell, schwarzer Mähne und schwarzem Schweif. Bei einer Stehmähne dürfen auch weiße Haare enthalten sein. Vermutlich waren die Wildpferde Falben. Die Falbfarbe gilt als Vorstufe zur Fellfärbung des Braunen.

Fohlen

Als Fohlen bezeichnet man die Jungtiere der Pferde, Esel und Zebras. Etwa sechs bis acht Monate nach der Geburt saugen die Pferdefohlen die Milch ihrer Mutter. Danach wird das Fohlen von der Muttermilch entwöhnt und getrennt von der Mutter gehalten. Weil den Fohlen die nährstoffreiche Muttermilch zunächst noch fehlt, brauchen sie Weiden mit besonders gehaltvollem Gras und oft auch spezielles Aufzuchtfutter. Sobald ein junges Pferd geschlechtsreif ist, nennt man es nicht mehr Fohlen.

Fuchs

Ein Fuchs ist ein Pferd mit hellrotbraunem bis schwarzfarbenem Fell. Seine Mähne und sein Schweif haben die gleiche Farbe wie das Fell oder sind etwas heller. Nur ganz selten ist das Langhaar etwas dunkler als das übrige Fell, niemals aber ist es schwarz. Dadurch unterscheidet der Fuchs sich vom Braunen. Als Vorstufe des Fuchses gilt die Isabelle.

Galopp

Der Galopp ist die schnellste und kraftvollste Gangart. Es ist ein Dreitakt, der eine Art Sprungfolge darstellt: Nacheinander setzt das Pferd das erste Hinterbein, das zweite Hinter- und erste Vorderbein und dann das zweite Vorderbein auf. Nun folgt meist eine Schwebephase, bevor wieder das erste Hinterbein den Boden berührt. Im Galopp schafft ein Pferd locker 60 Kilometer in der Stunde, Rennpferde sind mit 80 Kilometern pro Stunde noch schneller.

Gangart
Unter Gangart verstehen wir die Art und Weise, wie Pferde und andere größere Vierbeiner ihre Beine beim Laufen setzen. Jede Gangart hat eine bestimmte Fußfolge und einen besonderen Takt. Die Grundgangarten beim Pferd sind Schritt, Trab und Galopp. Sogenannte Gangpferde beherrschen zusätzlich noch Tölt und Pass.

Gangpferde
Gangpferde heißen die Pferde, die neben den drei üblichen Gangarten noch Spezialgangarten wie Tölt und Pass beherrschen.

Grauschimmel
Schimmel kommen schwarz auf die Welt und werden dann weiß, in der Zwischenzeit sind sie Apfel- oder Grauschimmel.

Halbblüter
Im deutschsprachigen Raum bezeichnet man als Halbblüter oder Halbblut Pferde, die aus einem Warmblut und einem Vollblut gezüchtet worden sind. In anderen Ländern werden ganz verschiedene Kreuzungen als Halbblut bezeichnet.

Halfter
Ein Halfter ist ein gebissloser Zaum, der zum Anbinden und Führen des Pferdes verwendet wird oder Bestandteil der Reitzäumung ist.

Hengst
Ein Hengt ist ein männliches Pferd. Wenn ein Hengst durch eine Operation unfruchtbar gemacht worden ist, nennt man ihn Wallach.

Huf
Huf nennt man den unteren Abschluss der Pferdebeine. Es ist sozusagen die Zehenspitze des Pferdes und nicht dessen gesamter Fuß. Der von außen sichtbare Teil des Hufes, der Hornschuh, wächst ständig nach. Pferde, die viel geritten werden oder oft auf der Straße traben müssen, bekommen Hufeisen als Schutz, weil der Hornschuh sonst nicht schnell genug nachwachsen kann.

Hufschlagfigur
Hufschlagfiguren nennt man festgelegte Pfade in der Reitbahn.

Isabelle
Eine Isabelle ist ein Pferd mit weißlichgelbem bis cremefarbenem Fell und gleichfarbiger oder hellerer Mähne sowie gleichfarbigem oder hellerem Schweif. Durch das helle Langhaar unterscheidet sich die Isabelle vom Fuchs. Auch die Hufe sind bei Isabellen hell. Die international gebräuchlichere Bezeichnung für diese Fellfärbung ist Palomino.

Kaltblüter
Kaltblüter nennt man Pferde, die besonders groß und schwer sind. Je nach Rasse sind Kaltblüter zwischen 155 und 190 cm groß, manchmal sogar mehr. Kaltblüter wiegen zwischen 600 und 1000 kg. Meist haben sie ein ruhigeres, besonnenes Gemüt. Weil sie so groß und stark sind, werden sie häufig zum Ziehen schwerer Lasten eingesetzt.

Kolik
Als Kolik bezeichnet man einen schmerzhaften Krampf im Magen oder Darm des Pferdes. Bei großen Schmerzen lässt das Pferd sich dabei auch auf den Boden fallen, wälzt sich herum oder liegt auf dem Rücken. Koliken können für Pferde lebensbedrohlich werden. Darum muss jede Kolik auf jeden Fall vom Tierarzt behandelt werden.

Koppel
Koppel ist ein anderes Wort für Weide.

Langhaar
Unter Langhaar versteht man die Mähne und den Schweif eines Pferdes.

Longe
Eine Longe ist eine lange Leine, die am Zaumzeug des Pferdes befestigt wird. Das Pferd läuft an der Longe im Kreis um denjenigen, der die Longe festhält. An der Longe lässt man ein Pferd in der Ausbildung laufen, zum Lösen von Verspannungen oder auch zur Beruhigung.

Mähne
Als Mähne bezeichnet man die langen Haare an der Oberseite des Pferdehalses.

Nüstern
Nüstern heißen die sehr weichen und beweglichen Muskeln mit den Nasenöffnungen am Nasenbein des Pferdes. Bei Anstrengung oder Aufregung bläht das Pferd seine Nüstern häufig weit auf.

Offenstall
Ein Offenstall ist ein Stall ohne Türen auf einer Weide oder an einem Auslauf, zum Beispiel eine Schutzhütte aus Holz. Die Pferde können selbst entscheiden, ob sie im Stall oder im Freien sein möchten. Diese Form der Pferdehaltung ist sehr gesund, da es im Freien weniger staubig ist, die Pferde oft mehr Kontakt zu Artgenossen haben und sich viel bewegen können.

Palomino

Palomino ist der international bekanntere Begriff für Isabelle.

Parcours

Ein Parcours ist die aus künstlichen Hindernissen aufgebaute Bahn für Prüfungen im Spring- oder Westernreiten oder bei Fahrprüfungen.

Pass

Der Pass ist eine Spezialgangart, die nicht alle Pferde beherrschen. Es ist ein Zweitakt, bei dem jeweils das Vorder- und das Hinterbein derselben Seite gleichzeitig bewegt werden. Dadurch entsteht eine schaukelnde Bewegung, weshalb der Pass auch „Kamelgang" genannt wird.

Pony

Als Ponys gelten alle Pferde, die nicht größer sind als 148 cm. Viele Reitponys sehen tatsächlich wie kleine Warmblüter aus. Eigentlich ist mit dem Begriff Pony aber auch ein bestimmtes Aussehen verbunden: eine kleine, stämmige Gestalt mit einem kurzen Sommer- und einem dichten Winterfell.

Rappe

Ein Rappe ist ein schwarzes Pferd mit schwarzer Mähne und schwarzem Schweif. In der Pferdezucht sind völlig schwarze Pferde erwünscht, häufig haben Rappen jedoch kleinere Abzeichen am Kopf oder an den Beinen.

Reitbahn

Eine Reitbahn ist der Platz, auf dem geritten wird. In der Halle gibt es gedeckte Bahnen, im Freien offene Bahnen.

Reitweisen

Als Reitweise bezeichnet man den Stil oder die Lehre, nach der Pferd und Reiter ausgebildet werden. Wie man auf dem Pferd sitzt, wie das Pferd gesattelt und aufgezäumt ist und mit welchen Signalen der Reiter sich mit seinem Pferd verständigt, gehört alles mit zur Reitweise. Nach und nach entwickelt jeder Reiter aber auch seinen ganz eigenen Reitstil.

Sattel

Der Sattel ist eine Vorrichtung, auf der der Reiter sitzen kann oder auf die Lasten aufgeladen werden können. Sättel werden überwiegend aus Kunststoff oder aus einer Mischung aus Leder, Leichtholz und Naturrohr hergestellt. Der Sattel wird auf dem Rücken des Pferdes befestigt.

Schecke

Ein Schecke ist ein Pferd mit einem zwei- oder mehrfarbigen Fell, in dem jedoch immer Weiß vorhanden ist. Die meisten Schecken haben eine Art Fleckenmuster im Fell.

Schimmel

Ein Schimmel ist ein Pferd, das schwarz geboren und im Laufe seines Lebens weiß wird. Ein Schimmel muss nicht immer komplett weiß sein, sondern kann Muster im Fell haben. Das Langhaar kann völlig weiß sein, kann aber auch dunklere Haare enthalten. Die Hufe und die nicht behaarte Haut sind meistens ebenfalls dunkel.

Schritt

Der Schritt ist die langsamste Gangart des Pferdes. Es ist ein Viertakt. Das bedeutet, dass in einer Schrittphase jedes Bein einzeln den Boden berührt.

Schweif

Schweif nennt man die langen Haare am Körperende des Pferdes. Mit dem Schweif wehrt das Pferd Fliegen, Mücken und andere lästige Insekten ab. An der Haltung des Schweifs kann man außerdem manchmal erkennen, wie das Pferd gelaunt ist.

Springreiten

Das Springreiten ist eine eigene Disziplin bei Reitturnieren, bei denen Pferd und Reiter verschiedene Hindernisse überwinden. Bei manchen Hindernissen kommt es darauf an, hoch zu springen, bei anderen weit und bei manchen hoch und weit. Dabei wird gewertet, ob Fehler gemacht werden und in welcher Zeit der Parcours bewältigt wurde.

Stall

Ein Stall ist ein geschlossenes Gebäude, in dem Tiere untergebracht sind. In einem Pferdestall gibt es meist mehrere Boxen für die Pferde.

Steigbügel

Steigbügel bestehen aus einem Bügel, z.B. aus Metall oder Leder, und einem Lederriemen, der am Sattel befestigt wird. Steigbügel sind dem Reiter beim Aufsitzen eine Hilfe.

Stockmaß

Als Stockmaß bezeichnet man die mit einem Winkelmaß gemessene Größe eines Pferdes vom Boden bis zum Widerrist.

Stute

Eine Stute ist ein weibliches Pferd.

Tigerschecke

Ein Tigerschecke hat in seinem Fell ein unregelmäßiges Muster aus verschieden großen Flecken und Tupfen, die häufig grau umrandet sind. Häufig kommen Tigerschecken mit einem weißen Fell zur Welt und bekommen erst später ihr typisches Sprenkelmuster.

Tölt

Der Tölt ist eine Spezialgangart, die nicht jedes Pferd beherrscht. Das Pferd setzt beim Tölt die Füße in der gleichen Reihenfolge auf wie beim Schritt, allerdings sehr viel schneller. Für den Reiter ist der Tölt sehr angenehm, weil er auf dem töltenden Pferd nicht so durchgeschüttelt wird und trotzdem schnell vorankommt.

Trab

Der Trab ist eine der Grundgangarten. Es ist ein Zweitakt, das bedeutet, es werden immer die diagonalen Beinpaare gleichzeitig aufgesetzt. Dazwischen liegt eine Schwebephase, in der kein Huf den Boden berührt. Pferde laufen im Trab, um Artgenossen einzuschüchtern oder um ihnen zu gefallen. Außerdem eignet sich der Trab für lange Strecken.

Turnier

Ein Turnier nennt man einen öffentlich ausgetragenen Wettkampf. Es gibt im Turnier verschiedene Einzelprüfungen, die sich auch über mehrere Tage hinziehen können. Auf jedem Turnier gelten bestimmte Regeln, die vom Veranstalter festgelegt werden. Reitturniere werden je nach Wetterlage in der Halle oder im Freien ausgetragen. Für alle wichtigen Reitdisziplinen gibt es unterschiedliche Prüfungen, Wettbewerbe und Meisterschaften.

Vielseitigkeit

Mit dem Begriff Vielseitigkeit ist eine Reitdisziplin gemeint, die für viele als „Krone der Reiterei" gilt. Denn die Pferde (und ihre Reiter) werden nicht nur für einen Reitbereich ausgebildet, sondern für mehrere, nämlich für das Springen, die Dressur und für Geländeritte.

Vollblüter

Wenn man in Deutschland oder Amerika den Begriff Vollblüter oder Vollblut hört, ist damit vor allem die Rasse Englisches Vollblut gemeint. Doch auch andere Rassen wie zum Beispiel die Vollblutaraber gehören dazu. Vollblüter sind sehr schlank, lebhaft und sehr schnell. Sie eignen sich vor allem als Rennpferde.

Wallach

Einen Hengst, der durch eine Operation unfruchtbar gemacht worden ist, bezeichnet man als Wallach.

Warmblüter

Warmblüter oder Warmblut nennt man eigentlich alle Pferde, die nicht zu den Voll- oder Halbblütern zählen, und weniger massiv als Kaltblüter sind. Warmblüter gelten als die vielseitigsten Pferde. Sie sind sehr beweglich und wurden vor allem für den Reit- und Fahrsport gezüchtet.

Weide

Eine Weide ist eine eingezäunte Wiese, auf der Pferde und andere Weidetiere gehalten werden. Sie können dort wie in der Wildnis Gras fressen und sich frei bewegen. Ein anderes Wort für Weide ist Koppel.

Westernreiten

Das Westernreiten ist eine Reitweise, die in den USA und in Mexiko entstanden ist. Wie bei den Cowboys im Wilden Westen werden die Zügel nur mit einer Hand gehalten, in der anderen Hand hält der Reiter das Lasso. Bei Turnieren trennen Westernreiter zum Beispiel ein Rind vom Rest der Herde ab. Die Pferde beim Westernreiten müssen intelligent, robust, wendig und gehorsam sein. Am Sattel des Westernreiters befindet sich ein Sattelknauf, an dem das Lasso befestigt werden kann.

Widerrist

Widerrist nennt man die höchste Stelle des Pferdes zwischen seinen Schulterblättern. Bei manchen Pferden ist der Widerrist gut zu erkennen, bei anderen ist er eher flach.

Wildling

Wildlinge nennt man verwilderte Hauspferde oder Hausesel und deren Nachkommen. Die Wildlinge sind heutzutage auf kleine Gebiete zurückgedrängt worden.

Wildpferd

Ein Wildpferd ist ein ungezähmtes Pferd, dessen Vorfahren auch niemals von Menschen gezähmt worden sind. Heute gibt es nur noch in der Mongolei echte Wildpferde. Pferde, die keine echten Wildpferde sind, aber wild leben, nennt man Wildlinge.

Zaum

Ein Zaum ist eine Vorrichtung, die dem Pferd um oder in das Maul gebunden wird, um es durch Druck auf empfindliche Stellen gefügig zu machen. Es gibt sehr viele unterschiedliche Zäume. Man unterscheidet zwei Hauptgruppen: Zäume mit einem Mundstück, dem sogenannten Gebiss, und gebisslose Nasenzäume.

Zügel

Zügel sind Riemen, die zum Zaumzeug gehören. Sie werden am Nasen- oder Gebissteil des Zaums befestigt. Der Reiter hält die Zügel in seinen Händen. Mit ihnen teilt er dem Pferd mit, was er von ihm möchte.

Register

A

Aalstrich 10, 14
Absatteln 51
Abteilung 48
Abtrensen 51
Abzeichen 14, 15, 60
Anbindeknoten 32
Apfelschimmel 12, 60
Araber 8
Aufsatteln 40, 41
Aufsitzen 44, 45
Aufstiegshilfe 45
Auftrensen 42, 43
Ausmisten 24, 25
Ausritt 56, 57

B

Bahnfigur 50
Blesse 14
Box 24, 25, 60
Brandzeichen 15, 60
Brauner 12, 60

D

Deutsches Reitpony 11
Distanzreiten 55, 60
Dressurreiten 8, 11, 54, 60
Dülmener Wildpferd 11

F

Falbe 13, 60
Fellfarben 10, 12, 13
Fessel 7
Fjordpferd 10
Flanke 7
Flocke 14
Fohlen 6, 11, 15, 19, 37, 60
Fuchs 10, 12, 60
Futter 7, 22, 26, 27, 28, 29

G

Galopp 16, 22, 55, 56, 57, 60

Ganasche 7, 42
Gangarten 10, 16, 17, 55, 56, 61
Gangpferdereiten 55, 61
Gebiss 42, 43, 51
Grauschimmel 12, 61

H

Haflinger 10
Halbblüter 9, 61
Halfter 32, 51, 61
Hengst 6, 11, 19, 61
Herde 6, 11, 24, 25
Heulage 26
Hindernis 54
Hinterhand 7
Huf 7, 16, 30, 31, 33, 34, 35, 53, 61
Hufeisen 34, 35
Huffett 52, 53
Hufkratzer 30, 52, 53
Hufschlagfigur 50, 61

I

Isabelle 13, 61
Islandpferd 10, 55

K

Kaltblüter 8, 9, 61
Kardätsche 30, 32
Kolik 26, 27, 37, 61
Koppel 61
Kraftfutter 26, 27
Kruppe 7, 44

L

Langhaar 61
Laterne 14
Leckerli 28
Leckstein 23
Leittier 6
Longe 46, 47, 61

M

Milchmaul 14
Mähne 7, 10, 12, 33, 61
Mähnenbürste 30, 33
Mähnenkamm 30, 33

N

Norwegerpony 10
Nüster 7, 18, 20, 61

O

Offenstall 24, 25, 61

P

Palomino 13, 62
Parcours 62
Pass 10, 17, 55, 62
Pellets 27
Pferdesprache 18, 19, 20, 21
Pflege 21, 30, 31, 52, 53
Pony 10, 62
Putzen 30, 31, 32, 33

R

Rappe 12, 62
Rasse 8, 10, 11
Raufutter 26
Reitbahn 44, 49, 50, 62
Reithandschuhe 38, 39
Reithose 39
Reitkappe 38, 39
Reitstunde 38, 48, 49, 50
Reitweisen 54, 55, 62
Rennpferd 8, 16

S

Saftfutter 26, 27
Salzleckstein 23
Sattel 40, 41, 44, 45, 46, 47, 51, 62
Sattellage 7, 40, 41, 53
Schecke 13, 62
Schimmel 12, 62
Schmied 34, 35
Schnippe 14
Schopf 7, 18, 43
Schritt 16, 49, 53, 56, 57, 62
Schutzweste 38, 39
Schweif 7, 10, 12, 20, 21, 33, 62
Schweifrübe 7
Schweißmesser 52, 53
Selbsttränke 23
Shetlandpony 11

Shire Horse 9
Silage 26
Springreiten 8, 11, 39, 54, 62
Stall 18, 24, 25, 30, 37, 62
Steigbügel 39, 40, 41, 44, 45, 46, 51, 62
Stern 14
Stiefel 15, 38, 39
Stockmaß 62
Striegel 30, 32
Striegeln 30, 31
Stute 6, 11, 62

T

Tierarzt 36, 37
Tigerschecke 13, 62
Temperament 8, 9
Tetenreiter 48, 49, 56
Tölt 10, 17, 55, 63
Trab 16, 56, 63
Trense 41, 42, 43, 51
Turnier 11, 54, 63

V

Vielseitigkeit 11, 54, 63
Vollblüter 8, 55, 63
Vorhand 7

W

Wallach 6, 63
Wälzen 6, 21, 22, 30, 37, 53
Warmblüter 8, 63
Weide 6, 16, 18, 22, 23, 25, 27, 30, 53, 63
Westernreiten 55, 63
Widerrist 7, 10, 41, 63
Wiehern 19
Wildling 11, 63
Wildpferd 11, 14, 63
Wurzelbürste 30, 32, 33, 52, 53

Z

Zaumzeug 42, 63
Zirkel 50
Zügel 44, 45, 46, 47, 55, 63